LA LIBERTÉ INDIVIDUELLE

en 1881

MÉMOIRE

à M. le Garde des Sceaux

PAR

M. FRÉDÉRIC PASSY

Membre de l'Institut

PARIS
IMPRIMERIE CHAIX
IMPRIMERIE ET LIBRAIRIE CENTRALES DES CHEMINS DE FER
SOCIÉTÉ ANONYME
Rue Bergère, 20, près du boulevard Montmartre
1881

LA LIBERTÉ INDIVIDUELLE

en 1881

MÉMOIRE

à M. le Garde des Sceaux

PAR

M. FRÉDÉRIC PASSY

Membre de l'Institut

PARIS
IMPRIMERIE CHAIX
IMPRIMERIE ET LIBRAIRIE CENTRALES DES CHEMINS DE FER
SOCIÉTÉ ANONYME
Rue Bergère, 20, près du boulevard Montmartre
1881

LA LIBERTÉ INDIVIDUELLE

en 1881

MÉMOIRE

à M. le Garde des Sceaux

Le mémoire qu'on va lire a été adressé, vers la fin de mai, à M. le Garde des sceaux, ministre de la justice Il n'a été, jusqu'à ce jour, communiqué à personne.

Quelque graves que fussent les faits qui y sont signalés, et quelques sollicitations que j'eusse reçues, dès le premier moment, de livrer ces faits à la presse, j'ai cru devoir, pour ne troubler en rien l'enquête ordonnée par le chef de la magistrature française, non seulement m'abstenir de toute publicité, mais m'opposer absolument à toute indiscrétion.

Je crois devoir, maintenant, mettre fin à cette réserve.

En me décidant, ainsi que je l'ai fait, à dénoncer des actes inqualifiables, je n'ai obéi à aucune préoccupation personnelle. Je ne sais pas même, à cette heure encore, le nom des fonctionnaires contre lesquels je réclame.

J'ai parlé pour ceux qui ne savent pas parler, et je me suis plaint pour ceux qui n'osent pas se plaindre.

Pour que cette plainte porte d'autres fruits que la réparation tardive de quelques griefs individuels, il faut qu'elle soit entendue de toutes les oreilles qui ont intérêt à l'entendre et soutenue par toutes les voix qui ont intérêt à la soutenir.

Je fais donc appel à l'opinion après avoir fait appel à l'administration. Grâce à l'une et grâce à l'autre, je n'en doute pas, justice sera faite aujourd'hui, et garantie demain.

Frédéric PASSY.

Neuilly-sur-Seine, 15 juin 1881.

Neuilly, le 23 mai 1881.

Monsieur le Garde des Sceaux,

J'ai l'honneur de déposer entre vos mains une requête ou plutôt un mémoire sur lequel, malgré son étendue nécessaire, j'appelle avec confiance votre plus sérieuse et personnelle attention. Il s'agit, vous le verrez, de faits graves, intéressant à la fois le respect de la liberté individuelle et l'honneur de la magistrature et de l'administration. Il me serait impossible, non seulement comme partie lésée, mais comme citoyen, de les laisser passer sans en poursuivre la prompte et complète réparation.

Deux jeunes gens, Paul-Édouard Passy, mon fils, et Maurice Farjasse, fils d'un ancien préfet qui a été mon collègue au Conseil général de Seine-et-Oise, sont partis comme moi, dans les premiers jours d'avril, pour le congrès d'Alger. Ils étaient porteurs de leurs cartes de membres de *l'Association française pour l'avancement des sciences* et des diverses pièces destinées à leur assurer, en cette qualité, sur les paquebots et les chemins de fer, les facilités d'usage. Je leur remis, en outre, lorsqu'ils quittèrent Alger, ma carte avec les noms d'un certain nombre d'officiers de différents grades, pour lesquels j'avais des lettres de présentation dans les trois provinces. Et, comme il était à craindre, dans l'état où se trouvait alors l'Algérie, que ces officiers ne fussent plus à leur poste habituel ou qu'il n'y eut indiscrétion à faire appel à leur obligeance, ils avaient obtenu de M. le commandant Rinn, chef des affaires indigènes au gouvernement général et parent d'un de mes gendres, une de ses cartes sur laquelle le commandant avait pris la peine de tracer lui-même, *de sa main*, l'itinéraire qu'il leur conseillait. C'était à la fois une boussole et un sauf-conduit. Grâce à ces pièces, et un peu à mon nom peut-être, ils purent en effet accomplir, dans les conditions les plus satisfaisantes, un fort beau voyage, et visitèrent sans l'ombre d'un ennui la Kabylie et la province de Constantine, Bougie, Sétif, Batna, Biskra, l'entrée du Désert, et enfin la région des monts Aurès, d'où ils arrivèrent à Philippeville, le 9 mai, par le chemin de fer de Constantine, dans l'intention de prendre, le 11 au soir, le bateau qui devait les ramener en France. C'est ici que commencent les tribulations et les vexations dont j'ai à me plaindre. Pour vous mettre mieux à même de les apprécier, je crois devoir transcrire, comme le ferait un greffier, le récit que j'ai recueilli, il y a deux jours, de la bouche de l'une des victimes, et que l'autre vient de me faire à son tour en arrivant ce matin même.

En descendant de wagon, comme je viens de le dire, le 9 vers 10 heures, les deux voyageurs se rendirent à l'hôtel de France; dans l'après-midi, ils firent une promenade à Stora, et le soir un tour dans la ville. Aucun incident ne marqua cette journée. Mais, ayant entendu dire que du côté de Jemmappes on trouvait des sangliers et des fauves, et n'ayant pas eu jusqu'alors l'occasion de faire usage de leurs fusils, ils résolurent de tenter le lendemain la fortune dans cette direction, puisque force leur était d'attendre le bateau, et partirent en effet le 10 à sept heures du matin. Mon fils portait le costume arabe qu'il avait adopté, comme plus commode, depuis son départ d'Alger, et sous lequel il avait reçu partout, des officiers, des administrateurs, des chefs indigènes et des colons, de tous enfin, le meilleur accueil. J'ai eu, en parcourant à mon tour la Kabylie avec mon savant confrère et respectable ami M. Henri Martin, le plaisir de recevoir sur son compte les témoignages les plus flatteurs, et de trouver les traces encore chaudes de l'impression favorable laissée par les deux jeunes touristes. Il me sera bien permis de dire que ce n'étaient pas, il est vrai, des voyageurs tout à fait indifférents. L'un d'eux, Farjasse, a été en 1879, avant d'avoir le malheur de perdre son père, admissible à l'École polytechnique; il a remporté en 1880 le premier prix de chimie au grand concours, et il achève, malgré des difficultés provenant de sa position d'orphelin et de sa santé ébranlée par le chagrin, sa préparation à l'École normale supérieure. L'autre, mon fils, plus âgé (il a vingt-deux ans), est professeur à l'école normale d'instituteurs de la Seine et à l'École des hautes études commerciales, bachelier ès sciences, licencié ès lettres, diplômé pour l'enseignement de la langue allemande, élève de l'école pratique des hautes études et délégué cantonal. Ni l'un ni l'autre n'avait eu, d'ailleurs, au cours de leur voyage, à faire montre d'aucun de ces titres ; mais il pouvait être permis de penser tout au moins que, s'ils venaient, par une circonstance quelconque, à avoir besoin de les produire, ils leur devraient bien de ne pas être pris pour des malfaiteurs ou des polissons.

Tel n'a pas été, vous allez le voir, Monsieur le Garde des Sceaux, l'avis de deux personnages qui auraient dû être tenus, par leurs fonctions même, à faire tout spécialement preuve de tact et de prudence. J'ai nommé M. le Procureur de la République de Philippeville, votre subordonné, et M. le sous-préfet, contre lesquels je regrette d'être forcé de porter plainte ainsi que contre le faux témoin indigène dont ils ont eu le tort d'accueillir étourdiment les dénonciations et de prendre obstinément le parti. Quant aux autres agents qui se sont trouvés être les instruments des abus de pouvoir de leurs chefs, je n'ai rien à dire contre eux. Ils ont exécuté des ordres, ils n'ont rien fait pour en aggraver par eux-mêmes la rigueur.

Le 10 au matin donc, Paul Passy, vêtu du costume arabe, et Maurice Farjasse, en habit gris avec guêtres de chasse, se mettent en marche. Ils gagnent à pied l'Oued Boudi, sur les bords duquel ils déjeûnent, remontent le ruisseau jusqu'à un village indigène, dont ils voient en passant le chef ou ouakaf, (je ne garantis pas l'orthographe des noms), dînent chez un marabout, et, après avoir battu la montagne sans voir de gibier, gros ni petit, finissent, assez imprudemment peut-être, mais fort innocemment à coup sûr, par s'étendre à l'abri douteux d'un tas de charbon et s'endormir en plein air.

Éveillés, le 11, dès quatre heures du matin par le passage d'indigènes avec lesquels ils n'engagent aucune conversation, ils reprennent, un peu plus tard, la direction de la ville. Vers six heures et demie, commençant à avoir l'appétit ouvert, ils rencontrent une grande ferme française où ils demandent à acheter du lait, qui leur est refusé. Vers sept heures, une autre ferme plus petite et indigène, se trouve sur leur chemin. Ils ont appris plus tard, à leurs dépens, qu'elle s'appelait la *ferme Vallée*, et appartenait à l'ancien cadi, à l'adjoint indigène de Philippeville et au frère de ce dernier, Si-Akmet. Deux indigènes étaient dans la cour. Farjasse leur demande s'ils parlent français. Ils ne répondent pas, mais appellent le maître (c'était Si-Akmet), qui parlait couramment notre langue. Celui-ci, à la requête qui lui est adressée, répond que les vaches vont rentrer, qu'on aura du lait tant qu'on voudra, et en attendant offre le café, qui est accepté. On parle chasse, on conte la course inutile de la veille, et à ce propos il dit que l'ouakaf du village est son cousin, et qu'il est pauvre, deux têtes de bétail seulement. Pas un mot, de part ni d'autre, qui touche de près ou de loin à la politique ou aux événements du jour, Tunisie, Kroumirs ou le reste. Au moment de se séparer, mon fils veut payer ce qui a été pris : Akmet refuse de façon à ne pas permettre d'insister, puis demande où vont maintenant ses hôtes ; et apprenant qu'ils retournent à la ville : « Mon frère, dit-il, y est adjoint : si vous avez besoin de quelques renseignements, adressez-vous à lui et dites-lui que vous avez mangé chez moi. » Les jeunes gens remercièrent en ajoutant qu'ils partaient le soir même et n'avaient par conséquent besoin de rien dans la ville, serrèrent la main de l'obligeant indigène et partirent.

En rentrant, ils apprirent que le bateau était retardé, par suite des réquisitions officielles, et que leur séjour était forcément prolongé. Une dépêche, adressée à Neuilly, m'avertit immédiatement de ce contretemps.

Le lendemain 12, il pleuvait. Les deux amis, confinés dans leur chambre, étaient assez ennuyés, lorsqu'on leur annonce *un monsieur* qui désire leur parler. C'était le commissaire de police qui, très poliment, leur demande s'ils n'ont pas été chasser la veille dans tel endroit, puis s'ils n'avaient pas des fusils Lefaucheux, des revolvers, etc. Réponse affirmative, naturellement, puisque c'était la vérité. « Mais, reprend le commissaire, est-ce que vous n'aviez pas aussi des képis, deux, dans un petit sac ? » Réponse négative, non moins naturellement, puisque cela n'était pas. L'un avait une casquette à couvre-nuque et l'autre un chapeau dit *casque*, d'usage universel en Algérie; mais rien qui ressemblât à une coiffure militaire. Le commissaire, qui du reste avait demandé les noms des jeunes gens et avait vu leurs cartes de membres du Congrès et leurs billets de retour, parut suffisamment édifié et se retira en disant que c'était encore un *tour d'Arabe*, et que ce n'était pas la première fois qu'on le faisait courir ainsi.

Deux heures plus tard cependant un agent venait dire que M. le commissaire désirait revoir *ces messieurs*. Ils s'empressent de se rendre auprès de lui, tous deux en costume français cette fois, et ils apprennent que *M. le Maire* a reçu d'un Arabe une déposition qui les incrimine, et qu'il est nécessaire de les confronter avec cet Arabe. En effet, après un nouvel et plus complet examen de leurs papiers, on les met en face de qui ? de leur aimable hôte de la veille, Si-Akmet, qui les reconnaît, comme ils le reconnaissent de leur côté, et dit, en désignant mon fils: « C'est celui-là qui avait les deux képis; il y en avait un à deux galons et l'autre à quatre. » Affirmations qu'il soutient avec autant d'énergie qu'on en met à la déclarer de pure invention.

De là on va devant le maire. Celui-ci sortait et ne fait guère que renvoyer devant le sous-préfet.

Jusqu'ici, quelque désagréable que fût cette série d'incidents, les formes avaient été observées et personne ne s'était écarté des convenances dues à des gens qu'on n'a pas acquis le droit de considérer comme des vauriens ou des coupables. Mais à la sous-préfecture le ton change. M. le sous-préfet, la tête couverte, après avoir toisé *les individus* qu'on lui amène, mais sans s'être donné la peine de leur adresser même une question, les apostrophe, de but en blanc, dans les termes les moins mesurés : « Eh bien, qu'est-ce que c'est que cette conduite ? Depuis quand se livre-t-on à de pareilles plaisanteries ? Vous agissez comme des polissons. » Et comme les malheureux, un peu ébahis de cette politesse administrative, essayaient de dire qu'ils n'avaient à leur charge rien de ce qu'on y mettait : « Votre cas est très sérieux, continua le sous-préfet. Il y a ici un Arabe *qui n'est pas le premier venu,* qui a fait contre vous une déposition très grave. — Nous non plus, répliquèrent avec beaucoup de calme les deux malheureux, nous ne sommes pas les premiers venus. » Sur quoi M. le sous-préfet daigna tourner les talons en disant : « D'ailleurs, cela n'est pas mon affaire (en ce cas pourquoi s'en mêlait-il, et de cette façon ?) ; cela regarde le procureur de la République, débrouillez-vous avec le parquet. »

On est donc conduit devant le Procureur de la République, qui n'avait pas encore paru, et qui à son tour procède à une sorte d'interrogatoire semi-officiel. Le dénonciateur, payant d'audace, non content de maintenir son dire, veut le corroborer par des détails nouveaux sur les prétendus képis, leur forme, leur position dans le sac, etc. Il affirme de plus que ses hôtes se sont donnés comme des officiers français en tournée pour sonder les opinions des Arabes au sujet de la guerre et des Kroumirs, etc. Les comparants persistent, comme de raison, à n'être que ce qu'ils sont, des touristes inoffensifs, exempts non seulement de toute faute, mais de toute imprudence de conduite ou de langage.

M. le Procureur leur demande leurs noms, prénoms et qualités, leurs papiers, d'où ils viennent, où l'on peut avoir sur eux des renseignements, etc. Ils répondent aussitôt, sur tous les points, avec la plus grande précision, nommant les endroits qu'ils ont visités, les personnes qu'ils ont vues, et notamment le commandant Rinn, chef des affaires indigènes, dont ils présentent la carte, à qui l'on peut demander des renseignements, et que le père de l'un d'eux, M. *Frédéric Passy*, membre de l'Institut, a eu l'honneur de voir après eux à Alger. « On doit vous avoir écrit, dit M. le Procureur. — Oui, Monsieur, pas très souvent, parce qu'il était difficile de nous adresser des lettres en temps utile, mais quelquefois. Voici des cartes postales ; voici une lettre de mon père. — Je vois bien tout cela, dit alors M. le Procureur, et je reconnais que cela se rapporte à vos dires ; mais cela ne peut me suffire. Rien ne me dit que vous ne l'avez pas *trouvé*, ou VOLÉ. » Il consent cependant à préparer pour le commandant Rinn un télégramme (dont il est permis de douter que l'envoi ait été effectué, car on n'a jamais entendu parler d'une réponse); et il trouve bon que mon fils m'en adresse un, ainsi conçu : « *Santé bonne ; envoyer à la police signalements et renseignements sur nous ; Passy, Farjasse.* » C'est par ce télégramme, expédié le 12 à trois heures 50 ᵐ, et reçu le 13 seulement, que j'ai eu, dans la matinée de ce jour, la première nouvelle d'un incident de voyage encore inexpliqué.

« Au reste, observe le magistrat, cet indigène n'est pas seul à vous accuser ; il y a d'autres témoins. Vous reviendrez demain matin à huit heures et demie. » En attendant un agent, en bourgeois, est chargé d'accompagner *les prévenus*. Sur leur demande formelle, une perquisition est faite dans leur chambre, et n'amène, pour cause, aucune découverte suspecte. M. le Procureur avait eu soin cependant de ne rien épargner, pas même les matelas de l'hôtel. Le soir, on les fait repasser au commissariat où l'on prend leur signalement dans toutes les règles. L'agent, qui a dîné avec eux, *à leur compte*, fait placer un matelas en travers de leur porte et y passe la nuit.

A huit heures et demie, le 13, selon qu'il avait été convenu, et au moment où je recevais *le premier et dernier* télégramme qui ait été autorisé, seconde comparution devant le procureur de la République et répétition des affirmations et dénégations de la veille. *Les deux domestiques de l'Arabe*, auxquels celui-ci a eu le temps de faire la leçon, répètent en leur langue, à ce que l'on dit aux inculpés, ce qu'a dit leur maître. L'un d'eux, à ce moment, parle un peu le français, très peu. Après quoi M. le procureur répète qu'il attend des dépêches de Paris, et qu'en attendant il va *instruire l'affaire*. A cet effet il fait rédiger un procès-verbal en forme portant : « *1er inculpé, se disant Paul-Edouard Passy, célibataire lettré, non repris de justice, etc. ; — 2e inculpé, se disant Maurice Farjasse, célibataire lettré, non repris de justice, etc.* » — Puis on les reconduit dans leur chambre en leur *signifiant* qu'ils n'en doivent sortir sous aucun prétexte, même pour manger. L'idée leur étant venue, pendant cette réclusion, d'écrire au commandant Rinn pour lui expliquer le télégramme qui lui avait dû être envoyé et qui risquait d'être pour lui une énigme, et mon fils, la lettre faite, ayant sonné pour la faire mettre à la poste, l'agent, toujours en termes convenables (ce n'était pas un sous-préfet), leur déclara qu'ils ne pouvaient échanger avec personne ni un mot ni une ligne, *étant au secret absolu*. Ainsi il était interdit désormais à ces deux malheureux, à quatre cents lieues de chez eux, d'appeler à leur aide les personnes qu'ils savaient en situation d'éclairer la justice, et l'on se croyait le droit d'arrêter jusqu'à une lettre destinée à l'un des fonctionnaires supérieurs de l'administration de la colonie, à celui qui a plus particulièrement le soin des affaires indigènes et qui chaque chaque matin est chargé d'en placer le résumé sous les yeux du gouverneur général. Mais, avec une telle manière de procéder, M. le Président de la République lui-même, s'il avait le malheur d'être dénoncé par quelque Si-Akmet à quelque procureur de Philippeville, serait dans l'impossibilité de justifier de sa qualité en se réclamant de son frère. Et si les deux prisonniers, avant d'être l'objet de ce redoublement de rigueur, n'avaient pas eu le temps de m'envoyer leur télégramme du 13, je ne saurais peut-être pas, à l'heure qu'il est, ce qu'ils seraient devenus, et M. le procureur de la République les tiendrait encore, très probablement, sous les verrous, en se félicitant de l'adresse et de la vigueur avec lesquelles il aurait mis à l'ombre ces dangereux et habiles malfaiteurs.

Cependant, au reçu de cette unique dépêche, qu'il a bien dû se reprocher depuis d'avoir laissé passer, j'avais immédiatement télégraphié, à mon fils d'abord, auquel j'annonçais l'état désespéré d'une de ses nièces, morte depuis, en l'adjurant de revenir au plus vite ; puis à M. le commissaire de police de Philippeville, en le priant de laisser partir *mon fils Paul-Edouard Passy, professeur à l'Ecole normale de la Seine, haute taille, barbe blonde, et Maurice Farjasse, maigre,* VOYAGEURS ABSOLUMENT INOFFENSIFS. J'avais signé à dessein de ma qualité de *membre de l'Institut.*

Le premier télégramme fut remis à son adresse ; mais on dit aux prisonniers, qui se croyaient déjà hors d'affaire, que cela ne signifiait rien. Une heure plus tard un brigadier rapportait le second, que M. le procureur voulait bien leur faire communiquer, mais en leur disant qu'il paraissait que « *ce n'était rien de bon* »; car M. le procureur maintenait le secret rigoureux. Il connaît sa mythologie, M. le procureur, et l'histoire de Tantale fait à ses yeux honneur à l'esprit de Jupiter. Le matelas de l'agent fut remis devant la porte, et une nouvelle nuit se passa.

Enfin le lendemain, vers neuf heures du matin, les choses changèrent de face. J'avais, d'une part, dès le premier moment, envoyé l'un de mes gendres à la direction de la sûreté générale avec la dépêche de mon fils, au dos de laquelle j'avais inscrit tous les éclaircissements nécessaires, et j'avais demandé l'envoi d'urgence d'un télégramme officiel. D'autre part, M. le Préfet de police, de son côté, avait reçu du parquet de Philippeville un télégramme qu'il n'avait pu s'empêcher de trouver quelque peu étrange, et il s'était, avec une courtoisie dont je le remercie de nouveau, empressé de m'en envoyer communication en me faisant demander tous les détails nécessaires à la rédaction d'une réponse catégorique. Dès le soir même il envoyait cette réponse, et le lendemain son secrétaire avait l'obligeance de m'avertir que mon fils et son ami devaient à cette heure être en liberté.

Cette intervention ayant enfin paru suffisante à M. le procureur, *non pour le convaincre* (il ne croit qu'à la parole des Arabes, M. le procureur), *mais pour couvrir sa responsabilité*, il fit comparaître une dernière fois *les sieurs Passy et Farjasse* et les congédia par une admonestation bien sentie. « Je reçois sur votre compte, dit-il, *les meilleurs renseignements*, et des signalements qui prouvent que *vous êtes réellement ce que vous prétendez être*. Vous êtes libres; mais c'est égal, CE SONT-LA DE MAUVAISES PLAISANTERIES, ET JE VOUS ENGAGE A NE PAS RECOMMENCER. » Les deux victimes répondirent qu'ils n'avaient aucune faute, plaisante ou non, à se reprocher; que, s'ils avaient été dans leur tort en quoi que ce fût, ils se seraient empressés de le reconnaître à la première question, saluèrent et sortirent.

Forcés d'attendre un nouveau bateau, ils durent, à leur grand détriment, prolonger de quarante-huit heures encore leur séjour dans une ville qui leur était si peu hospitalière. Il n'y furent plus inquiétés, mais ils restèrent, à l'hôtel comme au dehors, exposés à une curiosité peu agréable, et désignés à mi-voix comme des *espions italiens* (M. le procureur avait télégraphié *tunisiens*) qui avaient été relâchés pour ne pas faire de complications au moment de la signature du traité, etc. Et, sans le calme et la prudence dont ils continuèrent à ne pas se départir, et, peut-être sans la taille exceptionnelle de mon fils qui commandait le respect, qui sait ce qu'auraient pu amener encore ces dispositions malveillantes?

J'ajouterai que pendant ce temps leurs billets de retour par paquebot et par chemin de fer, dont le terme était le 15, se trouvaient périmés; que cette circonstance et la dépense faite à l'hôtel pour eux et pour l'agent mis à leurs frais les mettaient dans l'embarras et les réduisaient à faire revenir, non sans peine, de l'argent de Paris; que mon fils n'était pas à son poste de professeur à la date à laquelle il devait y être, ni le jeune Farjasse au conseil de révision où il était convoqué pour le 16 ; et qu'enfin la maladie mentionnée dans la dépêche que M. le procureur jugeait *sans valeur* emportait ma petite-fille avant que la pauvre mère eût pu voir arriver son frère.

J'ai le droit, je crois, non de parler de *plaisanteries* ou de *gamineries*, je ne veux emprunter à MM. les fonctionnaires de Philippeville ni leur langue ni leurs procédés, mais de dénoncer comme inexcusables et criminels la légèreté et l'entêtement dont ils ont fait preuve, et de dire que je n'accepte pas comme un coup d'éponge suffisant cette libération tardive, accompagnée, au lieu d'excuses et de regrets, d'une mercuriale aussi ridicule qu'inconvenante.

J'ai le droit d'opposer à l'incroyable manque de tact, de pénétration et de bon goût dont ils ont été pendant trois jours les victimes, le calme, la mesure et le constant respect de la loi et de ses représentants, même égarés, dont ont fait si heureusement preuve ces deux jeunes hommes, livrés à eux-mêmes dans des circonstances si difficiles. Il est vrai qu'on en a fait une présomption contre eux. Des innocents, d'après M. le procureur, se seraient emportés. S'ils l'avaient fait, il n'aurait pas manqué d'y voir un grief de plus et de leur reprocher d'insulter la magistrature. Il est vrai cependant que plus d'un à leur place (et peut-être nous-mêmes, monsieur le Garde des sceaux, malgré notre âge et notre expérience) n'aurait pas été si patient.

J'ai le droit, enfin, de laisser pour un moment mes blessures personnelles pour ne me souvenir que de mes prérogatives et de mes devoirs de citoyen, et de demander ce que devient la liberté individuelle si elle peut être ainsi, sans nécessité, sans utilité, *sans l'ombre d'un prétexte même*, foulée aux pieds par ceux-là qui sont le plus spécialement chargés de la garantir.

Je dis sans nécessité et sans prétexte plausible : car, à supposer que ces deux voyageurs, au lieu de fournir les explications les plus nettes et les références les moins suspectes, n'eussent pu fournir que des explications insuffisantes et de nature à laisser quelques doutes sur leur compté, quel danger, en quittant l'Algérie pour la France, pouvaient-ils faire courir à la colonie ? Que risquait M. le procureur à les laisser se mettre, par leur embarquement, en détention préventive pour deux jours, sans violence, sans arbitraire, sans ennui pour eux comme sans péril pour lui ; sauf à les avertir, ce dont personne n'aurait pu se plaindre, que le capitaine ne les laisserait débarquer que sur l'autorisation du procureur de la République à Marseille ou du ministre, et à faire, dans l'intervalle, usage du télégraphe et à me mettre au courant de la situation ? Tout était sauf ainsi, *même l'honneur* ; je parle de celui de la magistrature et de l'administration, si grotesquement compromis par cette incompréhensible succession de fautes lourdes et de naïvetés puériles.

Qu'y avait-il, en effet, au fond de cette intrigue qui a tant troublé les cerveaux officiels à Philippeville ? Il ne faut pas être grand clerc pour le deviner, et M. le Commissaire, qui probablement connaît les indigènes, avait, dès le premier jour, dit le mot : *un tour d'Arabe*. Si-Akmet, croyant ses deux hôtes partis le 11 au soir, est venu le 12 les dénoncer dans la pensée de se faire bien venir de l'Administration française sans rien risquer, puisqu'il ne pourrait être contredit. Il avait compté sans le retard du bateau. Pris à son propre piège et mis en face de ceux qu'il croyait bien loin, il fallait, ou qu'il se rétractât ou qu'il forçât la note. Il a préféré forcer la note en inventant de nouveaux faits et cherchant des témoins. Ce à quoi la parfaite crédulité de M. le Sous-Préfet et de M. le Procureur s'est prêtée avec une complaisance qui a dû lui donner une bien haute idée de l'esprit français.

Et cela a suffi pour que, sans examen ni enquête d'abord, puis après examen, interrogatoires, production de pièces, perquisitions et le reste, M. le Sous-Préfet et M. le Procureur prononçassent, sans hésitation et sans appel, la condamnation de deux malheureux jeunes gens, dont ils devaient, jusqu'à preuve contraire, être les protecteurs naturels !

Cela a suffi pour que, malgré une abondance, une concordance et une précision de renseignements qui formaient une évidence à éblouir des aveugles, ils prissent ou laissassent prendre contre des innocents des mesures humiliantes et cruelles !

Cela a suffi pour que ni les documents les moins suspects, ni la correspondance de famille, ni la réponse d'un père appelant son enfant auprès de sa mère et de sa sœur en larmes, ni même les dépêches officielles auxquelles *on a obéi*, parce que c'étaient des ordres, mais auxquelles *on n'a pas cru*, parce qu'on avait à leur opposer la parole d'un Arabe, ne pussent faire céder le parti pris intraitable qu'on s'était formé !

Cela a suffi pour que, sans l'ombre d'une raison sérieuse, je le répète, on se crût permis de mettre au secret, *après réflexion*, des hommes inoffensifs, ayant décliné et *prouvé* leurs noms et leurs qualités, et à qui dix fois déjà on aurait dû exprimer des regrets !

Cela a suffi, enfin, pour que l'on poussât la rigueur vis-à-vis d'eux, le sans-gêne vis-à-vis de l'administration, jusqu'à interdire, ce qu'on ne refuse pas à un malfaiteur avéré, l'envoi de dépêches ouvertes, et retenir un pli destiné à l'un des principaux fonctionnaires civils et militaires de la colonie !

Si cela se passait au xviiie siècle, je dirais qu'il faut supprimer les lettres de cachet. Cela se passe au xixe ; je l'appelle de son nom, Monsieur le Garde des sceaux : UNE SÉQUESTRATION ARBITRAIRE, *avec circonstances aggravantes*, et je demande justice.

Je dépose donc entre vos mains, comme chef suprême de la justice, Monsieur le Garde des sceaux, ce mémoire et cette plainte, vous priant de les porter, si cela vous paraît nécessaire, jusque devant le Conseil des ministres.

Je demande contre Si-Akmet, sans préjudice des mesures administratives dont il peut être l'objet, des poursuites criminelles pour faux témoignage.

J'attends de M. le Sous-Préfet et de M. le Procureur de la République à Philippeville, *pour moi et pour les deux jeunes yens* victimes de leurs odieux traitements, PAR ÉCRIT, les excuses qu'ils auraient dû ne pas laisser attendre.

Je réclame, pour les préjudices directs résultant de leur conduite, les dommages-intérêts qui sont dus. Je ne puis malheureusement songer à la réparation des préjudices indirects et des souffrances morales.

Et je compte qu'un blâme sévère, accompagné tout au moins d'un changement de résidence, sera infligé par le Gouvernement à des agents qui le servent si mal et comprennent si peu les devoirs et les obligations de leur charge.

Me réservant d'ailleurs, jusqu'à pleine et entière satisfaction, tous mes droits et actions, TANT CIVILS QUE CRIMINELS.

Je vous prie d'agréer, Monsieur le Garde des sceaux, l'hommage des sentiments de haute et confiante considération avec lesquels j'ai l'honneur d'être,

Votre respectueux serviteur,

FRÉDÉRIC PASSY.
Membre de l'Institut, Conseiller général de Seine-et-Oise, Vice-Président de l'Association française pour l'avancement des sciences.

8, rue Labordère, à Neuilly-sur-Seine.

www.ingramcontent.com/pod-product-compliance
Lightning Source LLC
Chambersburg PA
CBHW061525040426
42450CB00008B/1799